Word S

This book belongs to

_____

FS109048 • Word Searches 3

Awesome "A" Sounds

Circle the words. They may go across, down, or diagonally.

ABSOLUTE
ACHE
AIRPLANE
APPLE
ATOM
AUNT
CAPE
DANCE
EXPLAIN
FLATTER
FRAGMENT
FRAME
FREIGHT
GYMNASTICS
IMAGINATION
NEIGHBOR
PACIFIER
PADDLE
PLAY
RADIO
TABLE
THEY
VAN

```
I  T  F  R  E  I  G  H  T  P  I  A  C  H  E
F  M  H  L  V  B  D  W  E  U  M  P  L  P  A
N  C  A  E  R  A  A  P  P  L  E  A  A  Y  B
E  F  B  G  Y  M  N  A  S  T  I  C  S  G  E
I  R  S  A  I  D  C  D  E  X  C  I  M  F  X
G  A  O  P  T  N  E  N  G  I  F  F  Z  R  P
H  M  L  L  F  L  A  T  T  E  R  I  H  A  L
B  E  U  A  N  L  U  T  A  B  L  E  G  G  A
O  Q  T  Y  P  A  N  Y  I  N  E  R  K  M  I
R  W  E  R  U  T  T  X  D  O  S  T  H  E  N
S  J  I  A  T  O  M  O  F  V  N  P  V  N  O
C  A  P  A  D  D  L  E  R  A  D  I  O  T  A
```

Excellent "E" Sounds

Circle the words. They may go across, down, or diagonally.

B	R	E	A	T	H	E	A	M	E	N	P	S	A	L	F
E	O	G	S	C	Z	F	R	I	E	N	D	H	F	E	A
N	N	R	E	O	S	Q	U	E	A	K	P	E	I	M	R
E	Q	U	A	L	Y	M	F	N	L	P	S	L	B	O	C
A	D	T	S	T	O	S	L	E	E	K	E	L	U	N	E
T	R	B	Y	D	D	M	E	H	W	B	V	E	Q	F	N
H	H	R	E	K	G	H	E	S	C	O	R	R	E	C	T
E	L	E	P	H	A	N	T	D	H	C	F	A	Y	I	E
N	R	A	M	B	X	E	E	S	W	E	E	T	S	L	R
F	U	T	I	D	R	E	A	D	T	G	M	D	M	K	N
B	J	H	C	F	N	W	V	R	E	C	E	I	V	E	A

BELIEF
BENEATH
BREATH
BREATHE
CENTER
CORRECT
DREAD
EASY
ELEPHANT
EQUAL
FLEET
FREEDOM
FRET
FRIEND
LEMON
MEN
NEBRASKA
NEED
RECEIVE
SHELL
SLEEK
SQUEAK
SWEET
THEM

Write the words with the long e sound on the lines.

_____

_____

_____

_____

Important "I" Sounds

Circle the words. They may go across, down, or diagonally.

BRIGHT	FILM	INTERNET	NIGHT	TRIPLE
BRISK	FLIGHT	KITE	PRINT	TRY
BUY	ICE CUBE	KNIT	SKILLFUL	WHILE
CRIED	IGLOO	MIGHTY	STICKER	
CYCLE	IMMIGRANT	MINUS	TRIP	

```
I  M  M  I  G  R  A  N  T  N  A  B  R  I  S  K  E
W  N  M  I  N  U  S  I  M  R  D  M  G  V  K  T  I
O  R  T  S  H  C  N  G  W  F  I  T  W  Q  I  O  C
F  I  K  E  S  F  Z  H  K  L  S  P  H  K  L  T  E
I  G  Z  O  R  P  L  T  V  I  T  R  I  P  L  E  C
D  L  X  S  Y  N  Y  H  M  G  I  U  L  B  F  G  U
M  O  J  C  T  P  E  L  I  H  C  T  E  E  U  F  B
T  O  C  N  I  H  Y  T  G  T  K  G  R  I  L  I  E
C  R  I  E  D  U  I  P  H  W  E  R  I  N  E  L  L
S  R  Y  F  B  N  D  B  T  B  R  I  G  H  T  M  F
P  Y  B  V  K  R  P  C  Y  C  L  E  T  L  U  T  A
```

Write the words with the short i sound on the lines.

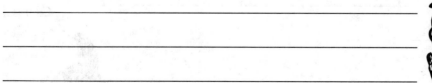

FS109048 • Word Searches 3

Oh! It's "O" Sounds

Circle the words. They may go across, down, or diagonally.

```
S  H  O  C  K  I  N  G  C  F  H  B  J  S  B
D  O  L  S  N  A  Q  M  F  L  O  A  T  O  R
J  P  V  P  L  O  T  K  R  O  E  P  O  D  O
O  S  H  B  W  O  N  N  E  C  L  O  C  K  K
G  C  R  O  A  K  W  O  Z  K  W  J  V  O  E
G  O  M  T  E  N  T  W  T  L  G  D  H  X  A
E  T  Y  N  S  O  D  D  N  E  T  R  E  E  O
R  C  O  Y  C  C  D  R  O  P  G  O  O  N  P
F  H  R  O  C  K  L  O  I  K  B  V  R  A  E
P  K  O  V  E  R  U  P  R  O  J  E  C  T  N
```

BROKE
CLOCK
CROAK
DROP
DROVE
FLOAT
FLOCK
GROAN
HOPSCOTCH
JOGGER
KNOCK
KNOW
NOTE
OBOE
ODD
OPEN
OVER
OXEN
PHONE
PLOT
PROJECT
ROCK
SHOCKING
SLOW

Write the words with the **short o** sound on the lines.

_____

_____

_____

_____

_____

_____

Unbelievable "U" Sounds

Circle the words. They may go across, down, or diagonally.

BUFFALO
CUTE
CUTLERY
HUGE
MULE
NUMB
PUZZLE
SUBMIT
SUNG
TONGUE
TUBULAR
UNCLE
UNDER
UNICORN
UNICYCLE
UNIQUE
UNITY
USUALLY
YOU
YOUNG

```
Y E P U Z Z L E D U B H R U G
U O O Q N E F S O I U C E N T
N A U U N I T Y T O N G U E D
I T I N M V C L G U U S N B N
Q U Z L G D Y Y F H B P M Z U
U N I C O R N P C P G U U O M
E D F L E X U N R L S G L Y B
V E C L R U O C U T E L E A M
H R T Y S U B M I T C M H F R
B U F F A L O V T Q U N C L E
C S A W N Z B U S U A L L Y W
```

Write the words with the **short u** sound on the lines.

_____

_____

_____

_____

_____

FS109048 • Word Searches 3

What's in a Name?

Circle the words. They may go across, down, or diagonally.

BOOK
DAUGHTER
DOCTOR
KITCHEN
LIBRARY
MUSEUM
NEIGHBOR
PARENT
REFRIGERATOR
ROBE
SCHOOL
STATUE
STORE
TEACHER
THERMOMETER

```
C M H L I B R A R Y W S B D
N L U D S T O R E D R T F A
E O E S R U I P V E D A H U
I P D C E H N G T S M T Y G
G R O B E U S E O V F U R H
H I C T S L M T P A R E N T
B K T M G O N F E M W U Z E
O A O X M B T B T A R J G R
R P R R Y Q U O H I C E R C
O B E M S C H O O L E H C T
A H A U L Y S K I T C H E N
T N R E F R I G E R A T O R
```

Write the nouns from the list that name the following:

People	Places	Things

FS109048 • Word Searches 3

Trading Places

Circle the words on the bat. They may go across, down, or diagonally.

b	t	v	e	e	k	e	h	f	q	s	h	i	s
t	h	e	y	n	h	i	a	i	l	t	l	o	e
y	o	i	s	b	o	w	s	t	m	w	h	l	y
a	s	z	w	i	u	c	h	r	x	c	d	a	d
g	e	t	p	t	o	j	e	y	w	e	s	m	t

Complete each sentence with a pronoun from the list.

1. I can't believe _____!
   (he hit a grand slam)

2. Dean said _____ really loves baseball.
   (Dean)

3. I think _____ just love to go to the game!
   (The boys and I)

4. Kirk put _____ by the bat.
   (the ball)

5. Wednesday was _____ day to pitch.
   (Matthew's)

6. Jordan hit a line drive to _____.
   (Joe)

7. Sometimes _____ keeps score at the games.
   (Melissa)

8. Claire loves to eat _____ at the ballpark.
   (peanuts and popcorn)

9. I heard that _____ eat cotton candy.
   (Abby and Caroline)

he
him
his
it
she
that
they
those
we

Is That Proper?

Circle the words in the left column. They may go across, down, or diagonally. Then, draw a line to match each pair of common and proper nouns.

```
h  a  e  l  r  m  a  i  s  t  a  t  e
q  o  b  p  l  a  n  e  t  e  u  d  f
a  c  l  c  h  n  l  x  r  w  b  o  n
r  e  o  i  r  t  f  y  e  r  o  n  k
i  a  y  u  d  m  f  w  e  t  y  e  o
h  n  d  c  v  a  n  z  t  s  s  t  g
s  u  o  p  l  z  y  i  g  o  p  l  s
d  b  c  o  u  n  t  r  y  h  r  d  v
o  m  m  l  n  u  u  c  j  i  t  e  g
g  c  p  b  o  o  k  x  g  r  o  b  e
```

book •   • Jupiter

boy •   • Fido

country •   • David

dog •   • Alaska

girl •   • Egypt

holiday •   • First

ocean •   • Charlotte's Web

planet •   • St. Patrick's Day

state •   • Indian

street •   • Elizabeth

9

Time for Action

Circle the words. They may go across, down, or diagonally.

```
P A C K R D N A C O K M R A
V Z G E J I T W U R E A D M
L R K C O O K H K D A C L P
O E H T M A E W C U K W B N
B W R P S L I F R B H V L K
F A C A T C I C Y G P L U V
Y T R S C N O N E P L Q A W
H C I T L F N V S N A X R Y
E H G S R K A D I W F B I E
W O Y L O V E M R A S Y N G
```

COOK
CRAWL
CRY
LOVE
PACK
READ
WATCH
WHISTLE

Complete each sentence with a verb from the list.

1. Snails _____ slowly.

2. Babies _____ when they are hungry.

3. Police officers _____ to direct traffic.

4. We _____ books in our class.

5. The chef will _____ the meal soon.

6. Aná and Marén _____ their new puppy.

7. We _____ fireworks on Independence Day.

8. Alejandra will _____ a picnic lunch.

FS109048 • Word Searches 3

How Do They Do It?

Circle the words. They may go across, down, or diagonally.

BEAUTIFULLY
CAUTIOUSLY
GRACEFULLY
NEATLY
PATIENTLY
QUICKLY
RESPECTFULLY
RESPONSIBLY
SLOWLY

B	R	A	P	A	T	I	E	N	T	L	Y	G	P	G
R	E	S	P	O	N	S	I	B	L	Y	D	N	T	R
L	S	A	C	F	H	N	E	D	O	G	T	U	Y	A
N	S	K	U	F	V	X	V	P	M	U	R	L	E	C
E	C	A	U	T	I	O	U	S	L	Y	W	Q	I	E
A	N	T	B	C	I	E	Z	I	H	O	L	U	B	F
T	S	O	Y	L	W	F	I	B	L	E	P	I	K	U
L	O	D	R	U	Y	G	U	S	W	M	F	C	W	L
Y	B	I	P	C	O	Y	Q	L	P	Q	T	K	J	L
R	E	S	P	E	C	T	F	U	L	L	Y	L	S	Y
A	L	R	C	A	M	T	K	S	L	Y	N	Y	B	W

Complete each sentence with an adverb from the list.

1. Cheetahs run _____, and turtles walk _____.

2. Children should cross the street _____.

3. When playing a game, you must wait _____ for your turn.

4. Friends treat one another _____.

5. Please write your name _____ on your paper.

6. The boy takes care of his dog _____.

7. The family lives in a _____ decorated home.

8. The ballerina _____ danced across the floor.

11   FS109048 • Word Searches 3

Picture This!

Circle the adjectives. They may go across, down, or diagonally.

```
R  C  K  W  B  R  S  C  E  H  L  D  F
O  S  S  Q  U  E  A  K  I  N  G  P  U
U  G  O  G  U  U  S  F  E  N  Y  T  R
N  H  B  L  U  E  K  M  I  T  T  F  R
D  A  C  N  L  N  T  T  E  H  R  K  Y
B  P  Z  E  O  Q  S  D  N  O  U  U  I
C  O  L  D  S  E  T  H  Y  T  I  S  L
T  I  N  Y  R  R  G  P  A  L  Q  O  K
U  A  R  E  B  Y  Y  O  H  R  P  U  S
L  I  T  T  L  E  W  Q  G  O  P  R  E
B  N  J  R  V  L  H  M  D  F  C  I  M
I  N  F  W  H  I  T  E  V  T  Z  U  A
```

BLUE	HOT	ROUND	SQUEAKING
COLD	INTERESTING	SHARP	TINY
FURRY	LITTLE	SOUR	WHITE

Write an adjective from the list to describe each noun.

_____ ball   _____ snow

_____ pig   _____ book

_____ rabbit   _____ fire

_____ knife   _____ sky

_____ ice cream   _____ baby

     12

What Does That Mean?

Circle the words with prefixes. They may go across, down, or diagonally. Then, circle the prefix in each word. The first one has been done for you.

(RE)NAME
REPLAY
RETELL
UNBELIEVABLE
UNCOVER
UNFAIR
UNHAPPY
UNKIND
UNSELFISH

C	U	O	R	K	L	R	N	K	E	C	T	I	D
U	N	B	E	L	I	E	V	A	B	L	E	Q	P
U	M	U	P	H	L	N	S	N	X	T	H	U	L
N	U	O	N	W	L	A	Y	Z	M	P	R	L	P
S	A	N	U	H	N	M	E	C	E	B	E	S	F
E	B	M	C	G	A	E	R	V	O	T	P	L	U
L	I	N	A	O	I	P	F	E	E	V	L	P	N
F	U	B	L	Y	V	D	P	R	D	F	A	N	K
I	F	E	B	T	H	E	I	Y	E	H	Y	J	I
S	T	U	N	F	A	I	R	U	T	D	G	A	N
H	N	S	R	A	Y	R	T	U	N	T	I	E	D

Draw a line to match each word to its definition.

unfair •	• to take the cover off something
retell •	• to give something a different name
unbelievable •	• something that is not fair
unselfish •	• to play something again
uncover •	• something that is not believable
replay •	• someone who is not happy
unkind •	• to tell a story again
rename •	• someone who is not selfish
unhappy •	• someone who is not kind

Perfect Ending

Circle the words. They may go across, down, or diagonally.

```
S  D  Z  L  E  A  D  E  R  X  P  A  T  H
P  H  A  I  M  H  E  U  L  B  A  K  Y  A
E  J  O  Y  U  V  O  E  S  S  I  N  G  I
A  B  X  P  S  I  G  S  L  E  N  R  N  R
K  L  S  A  E  U  E  W  H  T  T  P  J  L
E  I  H  I  L  L  R  Q  O  U  E  S  O  E
R  N  P  L  E  A  E  U  P  D  R  S  Y  S
I  Y  S  M  S  R. K  S  N  I  K  D  L  S
E  J  O  H  S  I  E  S  S  I  N  G  E  R
O  H  R  B  A  K  E  R  E  R  G  P  S  R
B  M  U  P  O  L  T  J  A  S  C  A  S  F
```

BAKER
HAIRLESS
HOMELESS
HOPELESS
JOYLESS
LEADER
PAINTER
SINGER
SPEAKER
USELESS

Write words that end in **-er** or **-less** to match the meanings below.

1. Someone who teaches _____

2. Someone who listens _____

3. Causing no pain _____

4. Feeling or showing no fear _____

5. Someone who farms _____

6. Not taking enough care _____

Sounds Can Be Deceiving

Circle the homonyms. They may go across, down, or diagonally.

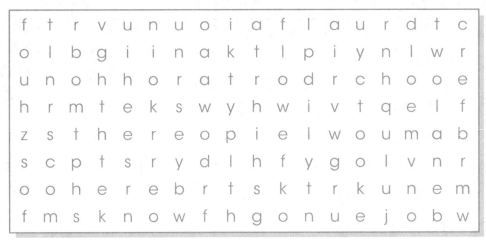

f	t	r	v	u	n	u	o	i	a	f	l	a	u	r	d	t	c
o	l	b	g	i	i	n	a	k	t	l	p	i	y	n	l	w	r
u	n	o	h	h	o	r	a	t	r	o	d	r	c	h	o	o	e
h	r	m	t	e	k	s	w	y	h	w	i	v	t	q	e	l	f
z	s	t	h	e	r	e	o	p	i	e	l	w	o	u	m	a	b
s	c	p	t	s	r	y	d	l	h	f	y	g	o	l	v	n	r
o	o	h	e	r	e	b	r	t	s	k	t	r	k	u	n	e	m
f	m	s	k	n	o	w	f	h	g	o	n	u	e	j	o	b	w

here	know	to	two	they're
hear	no	too	their	there

Complete each sentence with a homonym or homonyms from the list.

1. Kirk and Dean are off _____ the park!

2. The _____ boys are brothers and good friends, _____!

3. Soon _____ riding in a van that _____ mother is driving.

4. She says they will be _____ soon.

5. The boys don't _____ if they will eat at the park.

6. Mom says they can if there are _____ ants.

7. Finally, the boys _____ their mother say,

   "We're _____!"

    (15)

Opposites Attract

Circle the antonyms. They may go across, down, or diagonally.

```
D L N O C L O S E M W L W E L
I H O O R T Q M J P H I D B E
F O R G E T U A R Z R A D L F
O V T E T X Y L F N S O P E T
U Y H X D S C L W R H A S P Y
N I L N A I T O R S O T S Q Y
D R O L D G R S L R E F T U N
T N M W N F U T D G S H O R T
H L A S T W S P Y V K F P C A
```

CLOSE
DIRTY
FORGET
FOUND
FROWN
HAPPY
LAST
LEFT
NORTH
OLD
SHORT
SMALL
STOP
WIDE

Write a word for each antonym below.
Use the words in the list.

1. first _____

2. new _____

3. narrow _____

4. big _____

5. remember _____

6. south _____

7. smile _____

8. start _____

9. tall _____

10. right _____

11. lost _____

12. clean _____

13. sad _____

14. open _____

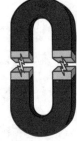

FS109048 · Word Searches 3

Just Alike

Circle the synonyms. They may
go across, down, or diagonally.

BEGIN	
GLAD	L I T T L E T L D T S E E L N
HAPPY	A S Y M E R G E S R A T H I G
LITTLE	O L B S R H L O U D U K G T C
LOOK	C T I E G L A P E E P E L H M
LOUD	S F K S A N R Y G E B G S A A
NOISY	L T S B W E T E L L O F Y P D
SAY	S T A H T U L D B R N G N P H
SEE	A T N R F C G I A E P O O Y L
SMART	Y P A K T S B L E G L I I K V
START	B M Y D V J D G A U E L B S A
TELL	S R W L O O K M O D Q A N R Y

Draw a line to match each word to its synonym.

happy •   • say

begin •   • small

tell •   • glad

noisy •   • loud

little •   • look

see •   • start

17   FS109048 • Word Searches 3

Shh! Words With Silent Letters

Circle the words with silent letters. They may go across, down, or diagonally.

```
T H I S T L E W H I G H A L
G K N B L A D E C O L W E A
C A N H I G C L I M B C O M
M P A O N I S H M U S C L B
U C O L W H N S N A L I M N
S K C V E P A R A D E K G O
C I A L I B K H I G R M N N
L A L B G H E S N W A L K O
E V F L H I H W A I M B M N
M T H I S L W C O L U M N C
R N I G H T C G H T S N A K
```

BLADE	**COLUMN**	**LAMB**	**PARADE**	**THISTLE**
CALF	**HIGH**	**MUSCLE**	**SIGN**	**WALK**
CLIMB	**KNOW**	**NIGHT**	**SNAKE**	**WEIGH**

Write at least five other words with silent letters.

_____

_____

_____

_____

Syllable Challenge

Circle the words. They may go across, down, or diagonally.

```
A  N  C  N  O  I  S  E  U  R  E  B  N  D  Y
C  P  E  R  G  V  I  R  M  T  H  E  F  M  A
A  E  P  T  O  S  L  M  E  S  M  L  S  E  M
B  T  I  R  H  A  I  Q  U  B  J  I  E  X  U
E  V  E  T  O  P  U  M  A  R  O  E  I  T  S
A  F  X  S  C  P  L  C  P  E  I  V  U  W  E
U  E  I  L  H  O  R  E  B  L  L  A  T  F  U
T  H  T  A  O  O  D  I  E  B  E  B  T  A  M
I  E  A  H  G  D  R  Z  A  E  K  L  Y  E  P
F  S  C  F  I  F  O  D  M  T  R  E  N  G  Y
U  S  A  P  M  L  O  P  S  I  E  X  T  O  S
L  B  E  U  P  E  R  C  E  F  T  I  M  C  I
```

APPROPRIATE
BEAUTIFUL
BELIEVABLE
EXIT
MUSEUM
NOISE
SCHOOL
SIMPLE

Write each word in the correct box.

One syllable	Two syllables
_____	_____
_____	_____
Three syllables	**Four syllables**
_____	_____
_____	_____

   FS109048 • Word Searches 3

Short and Simple

Circle the day and month words. They may go across, down, or diagonally. Then, write the words below.

APRIL	FRIDAY	SATURDAY	TUESDAY
AUGUST	JANUARY	SEPTEMBER	WEDNESDAY
DECEMBER	MARCH	SUNDAY	NOVEMBER
FEBRUARY	MONDAY	THURSDAY	OCTOBER

```
M F E B R U A R Y T H U R S D A Y
A U G S A T U R D A Y T H U E J O
M S D E C E M B E R P F W E D A T
O A O C A U G U S T R R E F J N U
N F R I D A Y M O N F E I B A U E
D S E C T O C T O B E R S L N A S
A E N V H U S E P T E M B E R R D
Y P N O V E M B E R T H S U N Y A
D W E D N E S D A Y S U N D A Y Y
```

1. Aug. _____

2. Mon. _____

3. Jan. _____

4. Tues. _____

5. Apr. _____

6. Sun. _____

7. Fri. _____

8. Dec. _____

9. Feb. _____

10. Wed. _____

11. Sept. _____

12. Thurs. _____

13. Mar. _____

14. Sat. _____

More Than One

Circle the plural words. They may go across, down, or diagonally.

BOOKS	CHURCHES	LADIES
BRUSHES	DEER	LEAVES
CARS	FEET	MEN
CHERRIES	FLAGS	MICE
CHILDREN	GEESE	PUPPIES

```
B  R  U  S  G  S  P  U  P  P  I  E  S  A
O  C  B  C  H  E  S  D  E  U  E  K  L  M
O  H  H  E  I  D  E  E  R  P  B  S  C  I
K  M  F  E  Y  G  D  S  H  I  R  O  D  C
S  C  H  U  R  A  Z  L  E  A  U  O  O  E
C  H  I  L  D  R  E  N  E  V  S  T  R  K
A  E  F  A  A  R  I  P  S  E  H  T  L  S
R  R  L  E  S  I  S  E  M  N  E  S  E  A
S  E  S  G  E  E  I  R  S  E  S  H  A  E
I  D  A  E  C  D  S  A  F  V  C  W  V  S
E  L  T  G  A  U  C  H  U  R  C  H  E  S
F  E  E  L  S  F  N  M  E  N  R  G  S  B
```

FS109048 • Word Searches 3

Did You Hear That?

Circle the words. They may go across, down, or diagonally.

T	I	C	K	T	V	C	K	L	O	N	F	E	D	A
E	G	S	B	H	K	W	P	C	A	G	R	O	W	L
C	W	B	V	U	Z	S	Y	G	T	S	H	I	Y	L
R	Z	O	O	M	I	T	C	D	I	O	U	S	Z	L
P	T	O	C	P	D	S	K	R	M	P	W	P	C	D
R	O	C	R	A	S	H	G	V	E	G	K	L	N	R
S	I	P	O	F	G	I	U	L	E	E	M	A	P	I
P	C	P	B	N	B	R	O	J	H	E	C	S	N	P
U	R	R	A	H	P	B	U	Z	Z	U	T	H	U	G
R	Z	B	M	A	A	H	R	E	O	H	C	E	M	C
R	Q	B	S	B	O	O	M	T	O	M	E	O	W	P

BANG
BOOM
BUZZ
CRASH
DRIP
GROWL
MEOW
PURR
RIP
SCREECH
SPLASH
THUMP
TICK
ZOOM

FS109048 • Word Searches 3

Let's Measure

Circle the units of measure. They may go across, down, or diagonally.

CENTIMETER	GRAM	LITER	OUNCE
CUP	INCH	METER	PINT
FOOT	KILOGRAM	MILE	POUND
GALLON	KILOMETER	MILLIMETER	YARD

```
M E T P O U N I F K I L O Y A R M
K I L O M E T E R O P I N C H M E
O G L P I K I M E U O L I T E R T
U R M E T R O U L N U T G A O P E
N K I L O G R A M C N O O G N O R
F O O G A L I N C E M G R A M U C
M I L L I M E T E R C O M L F N Y
P D H I L O M R J K S U I L O D A
I C E N T I M E T E R B P O L Y R
N H F T G A G R M I L P I N T R D
```

Answer the questions.

1. About how tall are you? _____

2. How much water do you drink daily? _____

3. How far is your school from your home? _____

4. How much do you think your shoes weigh? _____

FS109048 • Word Searches 3

Good Combinations

Circle the compound words. They may go across, down, or diagonally.

airplane   cupcake   eyelid   steamboat
bedtime   doorknob   football   sunflower
bookshelf   earring   spaceship   toothbrush

Write the compound words.

1. (air plane) _____

2. (tooth brush) _____

3. (book shelf) _____

4. (door knob) _____

5. (ear ring) _____

6. (steam boat) _____

7. (foot ball) _____

8. (cup cake) _____

9. (space ship) _____

10. (eye lid) _____

11. (sun flower) _____

12. (bed time) _____

s	t	b	e	d	t	i	m	e
e	p	d	o	h	g	l	d	h
r	a	a	o	t	f	i	a	s
s	t	r	c	b	l	l	r	u
h	o	e	l	e	n	s	e	p
v	o	h	y	d	s	n	l	a
l	t	e	t	e	h	h	e	i
l	h	i	c	e	l	s	i	r
n	b	t	u	a	k	t	r	p
d	r	o	p	l	g	e	i	l
o	u	a	c	k	h	a	n	a
o	s	m	a	c	t	m	g	n
r	h	b	k	a	f	b	o	e
k	n	b	e	y	e	o	k	n
n	f	o	o	t	b	a	l	l
o	t	b	r	u	x	t	w	a
b	o	o	k	s	h	e	l	f
s	u	n	f	l	o	w	e	r
h	e	a	r	r	i	n	g	k

Time to Rhyme

Circle the words. They may go across, down, or diagonally.

m	p	q	w	k	m	a	d	d	e	n	w
g	r	u	f	s	d	o	o	r	o	e	e
s	h	y	m	r	e	u	e	y	t	j	l
q	e	l	q	p	r	t	l	f	r	p	l
u	g	l	u	c	g	m	g	f	m	t	c
e	j	q	a	j	i	g	g	l	e	a	q
a	s	w	e	e	t	p	p	e	a	k	b
k	g	v	u	t	l	f	p	u	o	c	k
h	i	w	e	l	x	o	u	q	m	l	e
j	s	a	a	e	n	i	o	b	n	z	r
v	f	i	c	j	r	h	y	m	e	s	a

door

jiggle

lace

pump

rhyme

squeak

sweet

well

Complete each sentence with a rhyming word from the list.

1. It's time to make a silly _____.

2. It's always a treat to eat something _____.

3. If a faucet has a leak, the floor will soon _____.

4. When hippos wiggle, their tummies _____.

5. Teachers can tell stories very _____.

6. At the dump, we found an old _____.

7. A dog shouldn't chase a kitty dressed in _____.

8. We heard a lion roar when we opened the _____.

FS109048 • Word Searches 3

In the Forest

Circle the words. They may go across, down, or diagonally.

pond
fern
log
grass
bush
vine
tree
moss
stream
wildlife

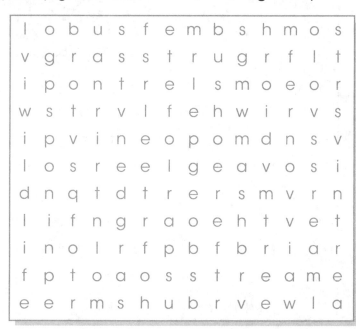

```
l o b u s f e m b s h m o s
v g r a s s t r u g r f l t
i p o n t r e l s m o e o r
w s t r v l f e h w i r v s
i p v i n e o p o m d n s v
l o s r e e l g e a v o s i
d n q t d t r e r s m v r n
l i f n g r a o e h t v e t
i n o l r f p b f b r i a r
f p t o a o s s t r e a m e
e e r m s h u b r v e w l a
```

Write the words in alphabetical order.

1. _____   6. _____

2. _____   7. _____

3. _____   8. _____

4. _____   9. _____

5. _____   10. _____

FS109048 • Word Searches 3

Get Things in Order

Circle the words. They may go across, down, or diagonally.

```
p e s c a s t a l e q u r
w s p h m p w f t h s e r
s n i f f l e s r a p t s
w o n e e t s e e m i r o
e e e r d s p h a n e n l
s p u f o e r c s k e e d
t n f l e i s t a i e t i
r o i w d s o l z s l l e
e g s f s h a k e y n e r
e n b l s a j m c i t o o
t v m a d k w s e e s a w
```

scamper	snow	stale
sniffle	sweep	street
shake	soldier	spine
	seesaw	

Write the words in alphabetical order.

1. _____   6. _____

2. _____   7. _____

3. _____   8. _____

4. _____   9. _____

5. _____   10. _____

FS109048 · Word Searches 3

Follow the Guides

Circle the words. They may go across, down, or diagonally.

```
m  o  t  e  l  o  o  a  s  m  f  w  d  h
z  b  e  n  r  i  p  p  c  r  e  c  r  k
h  b  u  c  k  l  e  h  t  a  w  c  u  y
o  u  r  s  a  n  o  s  e  u  i  b  m  i
d  q  p  e  m  k  e  l  t  e  l  l  u  c
m  i  c  r  o  p  h  o  n  e  j  p  k  r
o  v  a  l  g  k  s  k  q  d  t  e  l  e
n  i  s  l  a  l  m  e  u  n  k  m  t  a
e  d  f  e  h  i  o  k  e  r  u  m  o  t
x  c  r  m  e  m  e  v  d  i  v  i  n  e
t  b  d  u  b  n  r  r  e  v  s  g  s  l
```

break
buckle
create
divine
drum
microphone
motel
seen

Write the word that would fall between each the following sets of words in a dictionary.

1. seal   sew

_____

2. cement   cutlery

_____

3. memory   mile

_____

4. brain   breathe

_____

5. drain   duration

_____

6. mimic   myself

_____

7. brittle   bunk

_____

8. decent   doorbell

_____

Say It in a Letter

Circle the words. They may go across, down, or diagonally.

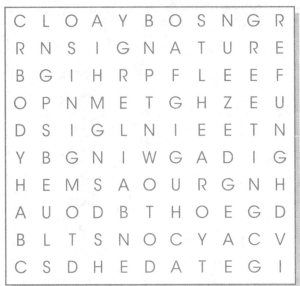

```
C  L  O  A  Y  B  O  S  N  G  R
R  N  S  I  G  N  A  T  U  R  E
B  G  I  H  R  P  F  L  E  E  F
O  P  N  M  E  T  G  H  Z  E  U
D  S  I  G  L  N  I  E  E  T  N
Y  B  G  N  I  W  G  A  D  I  G
H  E  M  S  A  O  U  R  G  N  H
A  U  O  D  B  T  H  O  E  G  D
B  L  T  S  N  O  C  Y  A  C  V
C  S  D  H  E  D  A  T  E  G  I
```

BODY

CLOSING

GREETING

DATE

SIGNATURE

Label each part of the letter below.

October 11, 2001 ◄—— 1. _____

Dear Aunt Becky, ◄—— 2. _____

    Thank you for the CD you
sent me for my birthday. I love ◄—— 3. _____
listening to it!
    I hope you can visit soon! I
miss you.

        Your niece, ◄—— 4. _____

        Kate ◄—— 5. _____

Careful Thinking

Circle the words. They may go across, down, or diagonally.

v	a	f	a	t	b	s	c	g	s	i	w	b	d
e	d	e	s	q	e	a	r	t	f	l	w	e	m
m	t	a	q	g	u	d	u	s	h	h	u	k	i
s	e	h	u	a	l	c	r	o	l	u	k	w	o
l	o	a	e	r	l	e	i	u	m	k	l	j	n
o	w	u	o	s	q	u	a	r	e	r	i	v	k
d	r	e	d	k	p	i	s	t	q	a	y	c	m
q	r	s	c	i	r	c	u	s	c	d	i	s	r
u	o	i	k	d	n	p	l	t	q	k	n	r	c
w	g	s	n	z	a	k	v	b	i	u	f	a	l
r	c	y	p	k	x	o	l	e	n	g	t	h	e

circus

drink

kick

least

length

sad

sour

square

Complete each analogy with a list word.

1. Ball is to round as box is to ___square___ .

2. Food is to eat as water is to _____ .

3. Sugar is to sweet as lemon is to _____ .

4. Animal is to zoo as clown is to _____ .

5. First is to last as most is to _____ .

6. Clock is to time as ruler is to _____ .

7. Baseball is to hit as soccer is to _____ .

8. Yawn is to tired as cry is to _____ .

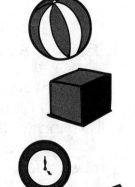

Reason Through It

Circle the words. They may go across, down, or diagonally.

```
m  i  t  t  e  n  o  p  y  a  r  r
n  t  h  e  p  d  a  k  t  q  p  s
e  s  m  i  y  a  r  d  s  h  u  m
p  f  h  d  l  u  d  e  i  l  h  i
g  l  i  e  o  e  p  l  m  r  o  l
f  m  u  c  l  c  g  l  i  n  m  e
s  t  u  s  y  d  t  v  t  s  i  g
h  w  c  b  a  h  o  u  e  t  z  j
e  v  l  p  r  d  y  c  r  l  e  m
l  t  i  l  a  d  f  t  y  g  n  l
l  u  t  h  e  y  c  k  d  h  d  e
w  b  s  e  b  a  l  i  s  t  e  n
```

Complete each analogy with a list word.

1. Peel is to banana as _____ is to egg.

2. Add is to subtract as _____ is to minus.

3. Read is to newspaper as _____ is to radio.

4. Sock is to foot as _____ is to hand.

5. Open is to shut as _____ is to frown.

6. He is to him as _____ is to them.

listen
mitten
plus
shell
smile
they
yard

What's Your Number?

Circle the number words. They may go across, down, or diagonally.

```
E  T  H  I  R  T  Y  E  I  G  H  T  F  E
S  W  Y  F  A  H  W  V  E  H  L  W  O  I
I  E  S  S  O  R  T  O  E  X  I  E  R  G
X  T  F  I  V  N  W  Y  I  N  R  N  W  H
T  E  H  O  E  G  E  S  O  T  T  T  O  T
Y  I  G  I  R  S  Y  H  N  S  E  Y  E  Y
F  T  H  R  X  T  I  O  U  E  M  F  N  N
I  Y  S  I  N  O  Y  X  Y  N  V  O  P  I
V  E  S  E  V  E  N  O  T  R  D  U  B  N
E  N  V  I  I  N  E  U  N  D  R  R  V  E
D  E  H  R  C  G  H  Y  T  E  I  E  E  U
S  T  T  H  I  R  T  E  E  N  D  N  E  D
```

Draw a line to match each number word to a number.

7	EIGHTY-NINE
	FORTY-ONE
13	ONE HUNDRED
	SEVEN
38	SEVENTY-SIX
	SIXTY-FIVE
100	THIRTEEN
	THIRTY-EIGHT
41	TWENTY-FOUR
	TWO

76
24
65
89
2

FS109048 • Word Searches 3

All Shapes and Sizes

Circle the names of the geometrical shapes. They may go across, down, or diagonally.

CIRCLE	HEXAGON	PRISM	SQUARE
CUBE	OCTAGON	RECTANGLE	TRAPEZOID
CYLINDER	PENTAGON	SPHERE	TRIANGLE

```
T L P R C Y L I N D E R
Z R H E L I T W I A N L
O S A E N S R R P K E C
C Y Q P X T P R I M L U
T A G U E R A H A S G B
N E O N A Z E G E N M E
P R I S M D O L O R D U
C U E Z O I G I R N E B
O O E C T N C N D G F V
S H C P A R O H X E T C
Q M U T N G L N D E R I
U R C B A R O E A H E R
A E L X E G R N P U I C
R P E N A N O S Q C Y L
E H G T R I A N G L E E
```

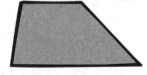
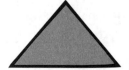

FS109048 • Word Searches 3

Out of This World

Circle the words. They may go across, down, or diagonally.

E	A	R	S	M	N	W	R	U	S	U	N	P	R	M
A	S	U	E	A	E	E	G	T	A	P	L	B	N	A
R	T	N	O	R	T	R	P	J	N	S	L	I	P	R
T	N	U	R	I	S	U	C	U	U	R	A	U	M	S
H	S	R	P	N	T	V	R	N	R	P	J	R	T	H
W	A	U	L	F	Y	E	E	N	U	Y	I	A	T	O
D	J	N	V	E	N	U	S	N	A	P	E	N	U	H
M	A	U	S	T	O	E	U	M	E	R	C	U	R	Y
N	E	P	T	U	N	E	S	L	H	C	Z	S	T	K

JUPITER
MARS
MERCURY
NEPTUNE
PLUTO
SATURN
SUN
URANUS
VENUS
EARTH

Write the words in the blanks.

1. I am called Earth's twin because of my size.

__ __ __ __ __

2. I am surrounded by many rings.

__ __ __ __ __ __

3. I am closest to the sun.

__ __ __ __ __ __ __

4. One of my years equals 165 Earth years.

__ __ __ __ __ __ __

5. I am the seventh planet from the sun.

__ __ __ __ __ __

6. I am called the red planet.

__ __ __ __

7. I am a dwarf planet.

__ __ __ __ __

8. I am the largest planet.

__ __ __ __ __ __ __

A Bright Giant

Circle the words. They may go across, down, or diagonally.

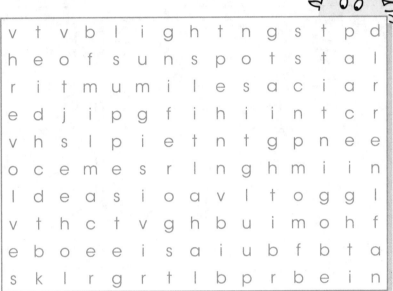

eight
gigantic
heat
life
light
miles
revolves
star
sunspots

v	t	v	b	l	i	g	h	t	n	g	s	t	p	d
h	e	o	f	s	u	n	s	p	o	t	s	t	a	l
r	i	t	m	u	m	i	l	e	s	a	c	i	a	r
e	d	j	i	p	g	f	i	h	i	i	n	t	c	r
v	h	s	l	p	i	e	t	n	t	g	p	n	e	e
o	c	e	m	e	s	r	l	n	g	h	m	i	i	n
l	d	e	a	s	i	o	a	v	l	t	o	g	g	l
v	t	h	c	t	v	g	h	b	u	i	m	o	h	f
e	b	o	e	e	i	s	a	i	u	b	f	b	t	a
s	k	l	r	g	r	t	l	b	p	r	b	e	i	n

Write the words in the blanks.

1. The sun is a _____ ball of hot, flowing gases.

2. It takes about _____ minutes for sunlight to reach Earth.

3. The sun is a _____.

4. Without the sun, there could be no _____ on Earth.

5. Dark areas called _____ appear on the surface of the sun.

6. The sun gives Earth _____ and _____.

7. Earth _____ around the sun.

8. The sun is 93 million _____ from Earth.

FS109048 • Word Searches 3

Earth's Neighbor

Circle the words. They may go across, down, or diagonally.

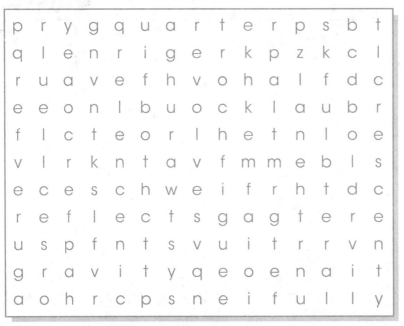

```
p  r  y  g  q  u  a  r  t  e  r  p  s  b  t
q  l  e  n  r  i  g  e  r  k  p  z  k  c  l
r  u  a  v  e  f  h  v  o  h  a  l  f  d  c
e  e  o  n  l  b  u  o  c  k  l  a  u  b  r
f  l  c  t  e  o  r  l  h  e  t  n  l  o  e
v  l  r  k  n  t  a  v  f  m  m  e  b  l  s
e  c  e  s  c  h  w  e  i  f  r  h  t  d  c
r  e  f  l  e  c  t  s  g  a  g  t  e  r  e
u  s  p  f  n  t  s  v  u  i  t  r  r  v  n
g  r  a  v  i  t  y  q  e  o  e  n  a  i  t
a  o  h  r  c  p  s  n  e  i  f  u  l  l  y
```

crescent
full
gravity
half
neighbor
planet
quarter
reflects
revolves

Write the words in the blanks.

1. The moon is Earth's nearest _____ in space.

2. The moon is a _____ of the size of Earth.

3. Just as Earth circles the sun, the moon _____ around Earth.

4. The force of _____ on the moon is six times weaker than that on Earth.

5. The moon _____ light from the sun.

6. Some of the moon's phases include the _____ moon, the _____ moon, and the _____ moon.

FS109048 • Word Searches 3

Mystery Mammals

Circle the names of the mammals. They may go across, down, or diagonally.

ANTEATER
BAT
ELEPHANT
HIPPO
KANGAROO
KOALA
LION
OPOSSUM
WHALE
ZEBRA

```
L I O N P E A X K T W H A A K
Z Z O B O A L D A O P O S N A
E A E P A I N E S E A H U T N
W H R B O D Z O P H F L A E G
H I P P O S A E E H G K A A A
A I K L O L S T B A A P O T R
L O A R B A T U R R T N L E O
E X N H B A F L M K A E T R O
```

Read each clue. Write the correct mammal's name in the blank.

1. I have stripes that help hide me from my enemies. _____

2. I am the only mammal that flies. _____

3. I use my long, sticky tongue to lick up ants. _____

4. I use my trunk to squirt water into my mouth. _____

5. I use my tail to balance while hopping. _____

6. I carry my babies on my back. _____

7. I am the third largest land animal. _____

8. I sleep in eucalyptus trees. _____

9. I breathe through a blowhole. _____

10. I live in groups called prides. _____

Flying High

Circle the bird names. They may go across, down, or diagonally.

Which bird has feathers but can't fly? _____

BLUEBIRD

CARDINAL

CUCKOO

DUCK

EAGLE

FINCH

FLAMINGO

HAWK

HUMMINGBIRD

OSTRICH

OWL

PENGUIN

ROBIN

SEAGULL

SPARROW

WOODPECKER

Slimy or Scaly

Circle the names of the reptiles and amphibians. They may go across, down, or diagonally. Circle the pictures of reptiles.

ALLIGATOR
CHAMELEON
CROCODILE
FROG
IGUANA
LIZARD
NEWT
SALAMANDER
SNAKE
TUATARA
TURTLE

```
C A R T U R N R M F R O G E C H A
R D I G U A N A M R G N L K T M L
O S E S A L C R A O S N A W U E L
C H A M E L E O N D N D E K A E I
O O U L N A I C R E A N E W T O G
D G L A M A G Z O I K L E F A N A
I E T U R T L E A D E W L A R C T
L N A U A L I Z E R I T F I A G O
E A R S A L A M A N D E R G T O R
```

Animal Habitats

Circle the habitat names. They may go across, down, or diagonally.

DESERT   OCEAN
FOREST   POLAR REGION
GRASSLAND   RAIN FOREST
MOUNTAIN

```
G R A S S L A N D I L
R A D D E Y F F N G M
C I N O E N M O I N O
O N A P C S G A R F U
M F O I T E R E R O N
A O A N A R A E S O T
U R U T X T S N I T A
C E R O E J T G Q S I
A S W F U P E R K U N
N T G F O R D P F O S
D M I L R T I P O L I
B V E A G A C D R G A
Z F L N M H S T E R U
E O C E D C L A S S R
P A N D E S E R T G E
```

Animal Babies

Circle the baby animal names. They may go across, down, or diagonally.

3. _____

2. _____

CALF
CHICK
CUB
FOAL
KITTEN
PIGLET
PUPPY

4. _____

1. _____

5. _____

C	D	Y	A	F	E	F	R	E	I	B	P
P	H	K	C	O	L	O	D	K	P	S	I
E	T	I	C	A	C	A	C	H	I	Y	G
A	W	T	C	B	S	M	A	U	T	G	L
V	Y	O	E	K	M	A	L	L	B	F	E
G	K	U	N	H	L	W	I	F	F	P	T
T	U	Z	N	T	E	P	C	G	K	H	L
F	O	A	L	L	U	M	U	B	L	E	V
N	P	K	C	P	Y	C	D	P	E	O	F
I	K	I	T	T	E	N	N	S	P	T	P
C	P	W	O	B	R	H	C	D	U	Y	G

6. _____

7. _____

 FS109048 • Word Searches 3

What's the Weather?

Circle the weather words. They may go across, down, or diagonally.

BLIZZARD   FROST   RAIN   STORM
CLOUD   HAIL   RAINBOW   THUNDER
FOG   LIGHTNING   SNOW   WIND

```
I  A  L  S  H  B  F  R  O  S  T  E  S  R  T
R  S  I  T  S  E  B  R  H  I  Z  P  C  D  H
A  T  G  O  R  N  G  L  A  Z  N  F  A  E  U
I  W  H  M  W  F  O  C  I  S  U  B  O  R  N
N  F  T  H  U  I  G  W  L  O  T  N  W  A  D
T  A  N  I  H  N  N  A  I  U  S  O  Y  E  E
B  L  I  Z  Z  A  R  D  N  D  B  N  R  S  R
U  G  N  M  R  O  I  L  G  N  E  G  D  M  D
L  I  G  Y  F  O  G  N  I  D  W  I  C  N  O
V  H  L  H  T  W  I  A  Y  E  S  U  N  N  Y
C  L  O  U  D  N  R  Z  I  R  A  L  B  D  M
```

Unscramble and write the weather words.

1. odluc _____   7. mrsto _____

2. nira _____   8. inlhtgngi _____

3. zlarbizd _____   9. diwn _____

4. dhnture _____   10. gfo _____

5. liha _____   11. ofsrt _____

6. nabirwo _____   12. nwso _____

The Whole World in Your Hands

Circle the words. They may go across, down, or diagonally.

axis
equator
globe
hemisphere
land
revolves
rotates
water

h	l	r	m	i	h	n	t	r	s	a	h	e	l	r
r	e	v	o	l	v	e	s	a	n	h	d	q	w	o
b	q	m	o	t	a	t	m	s	t	o	a	u	a	t
n	u	i	g	s	e	s	e	i	p	g	r	o	t	a
m	a	s	l	e	w	a	v	j	s	r	g	t	e	t
c	t	x	o	p	o	l	t	o	e	p	o	h	r	e
e	o	i	b	v	u	f	i	o	b	u	h	p	o	s
b	r	s	e	q	o	g	d	a	r	e	e	e	v	l
b	w	r	p	n	e	r	l	a	n	d	f	t	r	y
a	x	i	s	h	c	d	e	x	d	w	a	t	e	e

Write the words in the blanks.

1. A _____ is a model of Earth.

2. Earth's _____ is an imaginary line that runs through its center, from north to south.

3. The _____ is an imaginary line, running east to west, that circles the world around the middle.

4. The part of Earth south of the equator is the southern _____.

5. Earth _____ bringing day and night.

6. Earth _____ around the sun every 365 days.

Our Wonderful World

Circle the words. They may go across, down, or diagonally.

A	I	C	U	A	O	C	E	A	N	S	O	E	N	S
A	N	O	R	T	H	A	M	E	R	I	C	A	A	A
E	D	T	H	L	N	T	F	U	A	H	A	P	R	U
U	I	I	A	I	A	L	E	R	I	C	I	N	C	S
R	A	C	S	R	N	A	P	O	A	O	A	N	T	T
O	N	I	I	A	C	N	T	I	C	F	N	T	I	R
P	T	A	S	O	U	T	H	A	M	E	R	I	C	A
E	O	R	N	A	R	I	I	N	U	A	U	I	A	L
P	A	C	I	F	I	C	E	C	T	S	T	R	C	I
S	M	T	D	I	A	N	F	I	A	S	I	A	L	A
C	O	N	T	I	N	E	N	T	S	M	E	R	I	C

AFRICA
ANTARCTICA
ARCTIC
ASIA
ATLANTIC
AUSTRALIA
CONTINENTS
EUROPE
INDIAN
NORTH AMERICA
OCEANS
PACIFIC
SOUTH AMERICA

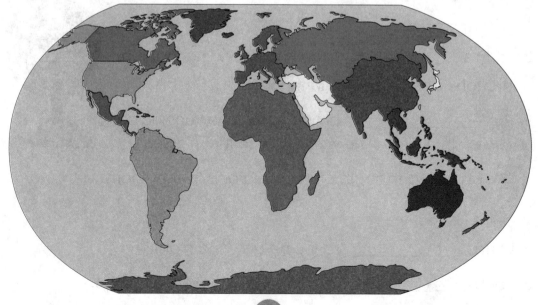

Water, Water Everywhere

Circle the water words. They may go across, down, or diagonally.

bay	creek	gulf	lake	ocean	pond	river	sea	strait	stream	waterfall

o	s	l	c	r	i	l	a	k	e	b	g	c	r	e
c	t	b	a	r	d	l	a	k	w	a	o	u	w	f
e	r	g	b	k	i	y	p	g	a	c	c	n	l	e
p	e	u	s	t	r	v	n	u	t	r	e	a	u	f
o	a	l	w	a	t	r	e	l	e	e	s	v	i	r
a	m	p	d	f	a	v	e	r	f	e	t	o	l	l
s	h	o	c	e	a	n	c	g	l	k	r	s	e	a
e	v	n	u	l	f	a	k	l	e	e	a	w	a	t
a	a	d	w	a	t	e	r	f	a	l	l	i	r	g
r	i	v	t	r	n	o	c	e	g	k	r	t	s	u
s	t	r	a	i	t	e	a	m	p	d	b	a	y	l

Write the names of two oceans. _____

Write the names of two rivers. _____

Write the names of two lakes. _____

Across America

Circle the landmark names. They may go across, down, diagonally, or backward.

GATEWAY ARCH
GOLDEN GATE
GRAND CANYON
STATUE OF LIBERTY
MOUNT RUSHMORE
NIAGARA FALLS
OLD FAITHFUL
PLYMOUTH ROCK

```
P G R A N P L Y M T H G A T O L N D
L F L G R A N M O U F A I T S T I L
Y A S M O U N T R U S H M O R E A U
M L T G O L M O R E R O F A L S G F
O L G R A N D C A N Y O N P G T A H
U N R A R F R E N I A V C L A A R T
T I A T C A E D N A R G A Y T L A I
H A N A N I A G R G L A W M R I F A
R G O G A T E W A Y A R C H A B A F
O F L R A L L S R O C T Y S N E L D
C S T A T U E O F L I B E R T Y L L
K R O C R V S H T I A F U T A T S O
```

Many Maps

Circle the words. They may go across, down, diagonally, or backward.

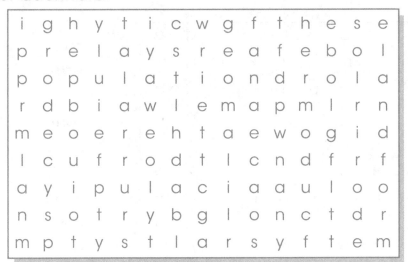

city
globe
landform
population
relief
road
weather

Write the words in the blanks.

1. A _____ map shows different types of roads, the distances from town to town, scenic routes, rest areas, and other things.

2. A _____ map shows streets, major buildings, parks, and other things.

3. A _____ map shows the shape and features of the land.

4. A _____ is a round model of Earth.

5. A _____ map shows how many people live in a certain area.

6. A _____ map shows how high and low the land is.

7. A _____ map shows the weather of a certain area.

Read a Map

Circle the words. They may go across, down, diagonally, or backward.

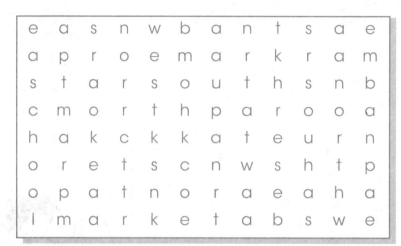

e	a	s	n	w	b	a	n	t	s	a	e
a	p	r	o	e	m	a	r	k	r	a	m
s	t	a	r	s	o	u	t	h	s	n	b
c	m	o	r	t	h	p	a	r	o	o	a
h	a	k	c	k	k	a	t	e	u	r	n
o	r	e	t	s	c	n	w	s	h	t	p
o	p	a	t	n	o	r	a	e	a	h	a
l	m	a	r	k	e	t	a	b	s	w	e

bank

east

market

north

park

school

south

west

Use the words and the map to help you fill in the blanks.

1. The _____ is west of the school.

2. The _____ is north of the post office.

3. The _____ is south of the market.

4. The _____ is directly east of the apartments.

5. The market is on the _____ side of First Street.

6. The post office is on the _____ side of Oak Street.

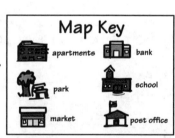

Map Key

apartments   bank

park   school

market   post office

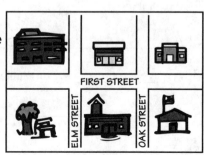

FIRST STREET

ELM STREET   OAK STREET

Presidential Trivia

Circle the words. They may go across, down, diagonally or backward.

N	R	K	L	E	A	L	R	H	R	I	W
S	O	E	N	O	X	I	G	J	O	N	D
K	C	T	A	G	N	W	V	M	O	M	C
E	H	T	G	L	O	C	O	S	S	V	R
N	R	L	N	N	J	N	R	H	E	S	E
N	O	F	I	O	I	E	C	I	V	R	V
E	O	E	X	N	F	H	F	O	E	Y	O
D	S	V	D	F	C	T	S	F	L	U	A
Y	L	N	E	Y	S	O	P	A	T	N	H
T	E	J	H	R	H	N	L	I	W	E	O
K	N	G	R	E	A	G	A	N	X	C	O

JEFFERSON
KENNEDY
LINCOLN
REAGAN
ROOSEVELT
WASHINGTON

Write the correct name from the list in each blank.

1. He was America's first elected president.

   _ _ _ _ _ _ _ _ _ _

2. The teddy bear was named for this president.

   _ _ _ _ _ _ _ _ _

3. This president wrote the Declaration of Independence.

   _ _ _ _ _ _ _ _ _

4. He was the youngest man to be elected President.

   _ _ _ _ _ _ _

5. This president led the Union through the Civil War.

   _ _ _ _ _ _ _

6. This president was a former movie star.

   _ _ _ _ _ _

　49

On the Go

Circle the words. They may go across, down, diagonally, or backward.

airplane	ferry	boat	train
bus	helicopter	ship	truck
car	motorcycle	submarine	van

```
f  e  r  c  a  s  h  i  a  r  t  t  a  o  b
p  v  i  l  b  o  e  l  l  e  h  o  u  s  t
l  m  a  i  r  p  l  a  n  e  l  t  r  a  r
a  o  s  n  a  t  i  t  r  u  i  o  a  i  a
n  t  r  u  c  a  c  m  o  t  d  r  i  k  i
f  e  r  r  y  i  o  t  r  u  c  c  m  r  n
h  s  i  r  t  r  p  i  h  s  v  y  c  y  c
e  f  a  r  n  p  t  a  n  t  k  c  u  r  t
l  c  l  e  h  c  e  t  r  n  a  l  p  c  f
i  s  u  b  m  a  r  i  n  e  b  e  s  b  e
s  u  m  a  r  v  a  s  h  i  s  t  r  a  r
m  o  t  o  r  c  y  c  l  e  a  s  u  b  r
```

List the different kinds of vehicles in which you have ridden.

_____

_____

_____

Page 2

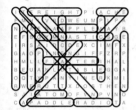

Page 3

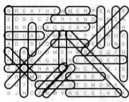

Long e words: belief, beneath, breathe, easy, equal, fleet, freedom, need, receive, sleek, squeak, sweet

Page 4

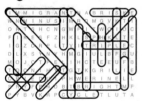

Short i words: brisk, film, igloo, ignorant, immigrant, internet, knit, print, skillful, sticker, trip, triple

Page 5

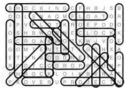

Short o words: clock, drop, flock, hopscotch, jogger, knock, odd, oxen, plot, project, rock, shocking

Page 6

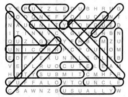

Short u words: buffalo, cutlery, numb, puzzle, submit, sung, tongue, uncle, under, young

Page 7

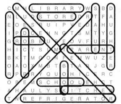

People: daughter, doctor, neighbor, parent, teacher
Places: kitchen, library, museum, school, store
Things: book, refrigerator, robe, statue, thermometer

Page 8

1. that (or it)
2. he
3. we
4. it
5. his
6. him
7. she
8. those
9. they

Page 9

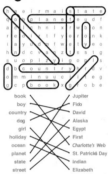

book
boy
country
dog
girl
holiday
ocean
planet
state
street

Jupiter
Fido
David
Alaska
Egypt
First
Charlotte's Web
St. Patrick's Day
Indian
Elizabeth

Page 10

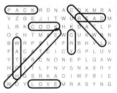

1. crawl
2. cry
3. whistle
4. read
5. cook
6. love
7. watch
8. pack

FS109048 • Word Searches 3

Page 11

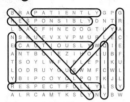

1. quickly, slowly
2. cautiously
3. patiently
4. respectfully
5. neatly
6. responsibly
7. beautifully
8. gracefully

Page 12

Answers will vary.

Page 13

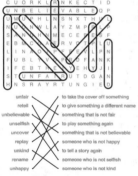

unfair — something that is not fair
retell — to tell a story again
unbelievable — something that is not believable
unselfish — someone who is not selfish
uncover — to take the cover off something
replay — to play something again
unkind — someone who is not kind
rename — to give something a different name
unhappy — someone who is not happy

Page 14

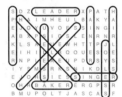

1. teacher
2. listener
3. painless
4. fearless
5. farmer
6. careless

Page 15

1. to
2. two, too
3. they're, their
4. there
5. know
6. no
7. hear, here

Page 16

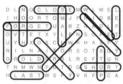

1. last
2. old
3. wide
4. small
5. forget
6. north
7. frown
8. stop
9. short
10. left
11. found
12. dirty
13. happy
14. close

Page 17

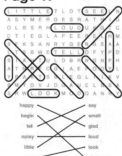

happy — glad
begin — start
tell — say
noisy — loud
little — small
see — look

Page 18

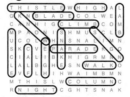

Answers will vary.

Page 19

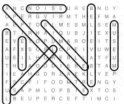

One syllable: noise, school
Two syllables: exit, simple
Three syllables: beautiful, museum
Four syllables: appropriate, believable

Page 20

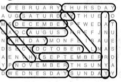

1. August
2. Monday
3. January
4. Tuesday
5. April
6. Sunday
7. Friday
8. December
9. February
10. Wednesday
11. September
12. Thursday
13. March
14. Saturday

Page 21

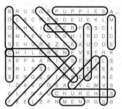

Page 22

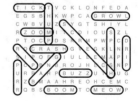

FS109048 • Word Searches 3

Page 23

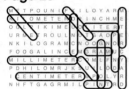

Answers will vary.

Page 24

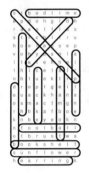

1. airplane   7. football
2. toothbrush   8. cupcake
3. bookshelf   9. spaceship
4. doorknob   10. eyelid
5. earring   11. sunflower
6. steamboat   12. bedtime

Page 25

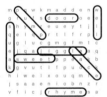

1. rhyme   5. well
2. sweet   6. pump
3. squeak   7. lace
4. jiggle   8. door

Page 26

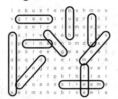

1. bush   6. pond
2. fern   7. stream
3. grass   8. tree
4. log   9. vine
5. moss   10. wildlife

Page 27

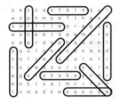

1. scamper   6. soldier
2. seesaw   7. spine
3. shake   8. stale
4. sniffle   9. street
5. snow   10. sweep

Page 28

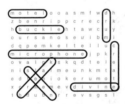

1. seen   5. drum
2. create   6. motel
3. microphone   7. buckle
4. break   8. divine

Page 29

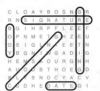

1. date   4. closing
2. greeting 5. signature
3. body

Page 30

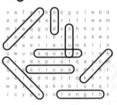

2. drink   6. length
3. sour   7. kick
4. circus   8. sad
5. least

Page 31

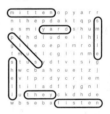

1. shell   4. mitten
2. plus   5. smile
3. listen   6. they

Page 32

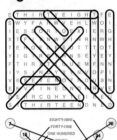

Page 33

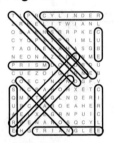

Page 34

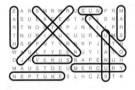

1. Venus   5. Uranus
2. Saturn   6. Mars
3. Mercury   7. Pluto
4. Neptune   8. Jupiter

Page 35

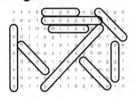

1. gigantic   5. sunspots
2. eight   6. heat, light
3. star   7. revolves
4. life   8. miles

Page 36

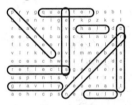

1. neighbor   4. gravity
2. quarter   5. reflects
3. revolves   6. full, half,
                  crescent

Page 37

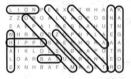

1. zebra   6. opossum
2. bat   7. hippo
3. anteater   8. koala
4. elephant   9. whale
5. kangaroo   10. lion

Page 38

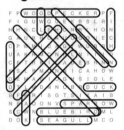

ostrich

Page 39

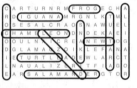

Page 40

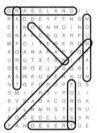

Page 41

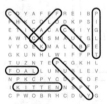

1. kitten   5. foal
2. chick   6. cub
3. piglet   7. puppy
4. calf

FS109048 • Word Searches 3

Page 42

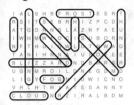

1. cloud
2. rain
3. blizzard
4. thunder
5. hail
6. rainbow
7. storm
8. lightning
9. wind
10. fog
11. frost
12. snow

Page 43

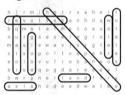

1. globe
2. axis
3. equator
4. hemisphere
5. rotates
6. revolves

Page 44

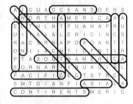

Page 45

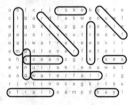

Answers will vary.

Page 46

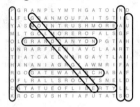

Page 47

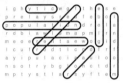

1. road
2. city
3. landform
4. globe
5. population
6. relief
7. weather

Page 48

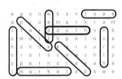

1. park
2. bank
3. school
4. market
5. north
6. east

Page 49

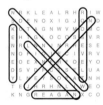

1. Washington
2. Roosevelt
3. Jefferson
4. Kennedy
5. Lincoln
6. Reagan

Page 50

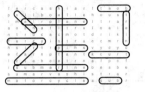

Answers will vary.

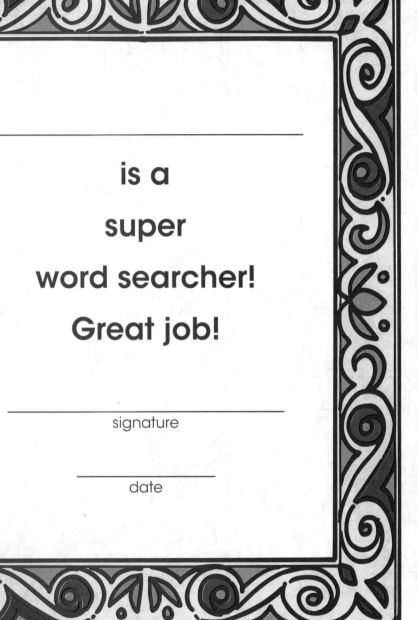

_____

is a

super

word searcher!

Great job!

_____

signature

_____

date

FS109048 • Word Searches 3